„Heilung beginnt,
wenn du dich nicht mehr so wichtig nimmst!"

Ina Kern

Sei du SELBST
ohne WERT

Der paradoxe Heilungsweg
für ein stabiles Selbst

© tao.de in J. Kamphausen Mediengruppe GmbH, Bielefeld
1.Auflage 2016

Autor: Kern, Ina
Umschlaggestaltung, Illustration: tao.de
Lektorat, Korrektorat: Kern, Ina

Printed in Germany
Verlag: tao.de in J. Kamphausen Mediengruppe GmbH, Bielefeld,
www.tao.de, eMail: info@tao.de

Bibliografische Information der Deutschen Nationalbibliothek: Die Deutsche Nationalbibliothek verzeichnet diese Publikation in der Deutschen Nationalbibliografie; detaillierte bibliografische Daten sind im Internet über http://dnb.d-nb.de abrufbar.

ISBN Hardcover: 978-3-96051-198-4
ISBN Paperback: 978-3-96051-197-7
ISBN e-Book: 978-3-96051-199-1

Inhaltsverzeichnis

Teil 1:

Das Problem:

Die Selbstwert-„Falle"

Einleitende Worte

Die Idee zu diesem Titel entstand, als ich mein erstes Buch „*Irrtümer und Einsichten auf dem Weg ins Nirwana*" abgeschlossen hatte. Hierin beschreibe ich meinen Weg „nach Hause", was die Befreiung aus vielen einengenden Konzepten und falschen Überzeugungen bedeutet. Ein kleines Kapitel in diesem Buch trägt die Überschrift „*Ohne Selbstwert sein*" und während ich meine Gedanken dazu niederschrieb erkannte ich die revolutionäre Bedeutung die sich dahinter verbirgt.

„*Heilung beginnt, wenn du dich nicht mehr so wichtig nimmst*", das ist die Wahrheit, die ich nicht nur erfahren, sondern auch leben darf; fast ein Affront gegen viele psychologische Konzepte und Lehrinhalte der Persönlichkeits-Coaches und Ego-Trainer!

Auch die psychotherapeutische Arbeit ist zu einem großen Teil auf die Stabilisierung des Egos ausgerichtet, auf den Aufbau eines „gesunden" Selbstwertgefühls, was impliziert, dass du dich selbst wertschätzt, als wertvoll betrachtest, mit einem guten Schuss Selbstliebe, nachdem du dich zuvor selbst angenommen hast. Ich weiß das, weil ich selbst in einem psychologischen Beruf tätig bin, mich aber im Laufe der letzten Jahre mehr und mehr auf den spirituell-geistigen Bereich des menschlichen Seins ausgerichtet habe. Aus dieser

Sicht sind Selbstwert(-gefühl) und Ego im Grunde gleichbedeutend und so sind sie gemeinsam der „Übeltäter", der dem Menschen erst sein Problem schafft. Was ich genau damit meine, wirst du in diesem Buch erfahren.

Solltest du beim Lesen das Gefühl haben, dass sich die Aussagen teilweise wiederholen, so ist dies der Sache geschuldet, weil die hier behandelten Themen allesamt eine gemeinsame Ursache zugrunde haben, auf die es sich in der Beschreibung natürlicherweise immer wieder bezieht.

Definition: Selbstwert

Nathaniel Branden führt in seinem anerkannten, umfassenden Werk zum Thema Selbstwert*) wie folgt aus: Selbstwertgefühl sei mehr als ein Funke von Selbst-Wertigkeit, den Psychologen und Lehrer bei denen zu entfachen versuchen, mit denen sie arbeiten. „Das Selbstwertgefühl ist die Erfahrung, dass wir uns dem Leben und all seinen Herausforderungen gewachsen fühlen. Konkreter: Das Selbstwertgefühl ist: 1. Das Vertrauen auf unsere Fähigkeit zu denken, das Vertrauen auf unsere Fähigkeit, mit den grundlegenden Herausforderungen des Lebens fertig zu werden und 2. Das Vertrauen auf unser Recht, erfolgreich und glücklich zu sein, das Vertrauen auf das Gefühl, es Wert zu sein, es zu verdienen und einen Anspruch darauf zu haben, unsere Bedürfnisse und Wünsche geltend zu machen, unsere Wertvorstellungen zu verwirklichen und die Früchte unserer Bemühungen zu genießen." Das Selbstwertgefühl sei kein Geschenk, das nur eingefordert werden muss, sondern im Gegenteil: „Hinter seinem Besitz steht eine Leistung".

*) *Brandon, Nathaniel: „Die 6 Säulen des Selbstwertgefühls", 03/2007, PiperVerlag GmbH*

Meine eigene Definition zum Selbstwert, die ich meinen Klienten versucht habe näher zu bringen, lautete noch vor einiger Zeit so: Selbstwert(-gefühl) wird dir nicht geschenkt. Es ist etwas, was du dir erarbeitest und zwar ALLEIN bzw. selbständig. Nichts, was du mit anderen (quasi in Abhängigkeit) erschaffst, wird nachhaltig dein Selbstbild stabilisieren (also Selbstwert erhöhen). Nur das, was dir ganz allein gelungen ist, stärkt dein Selbstvertrauen, woraus Selbstsicherheit erwächst, die in einen entsprechenden Selbstwert mündet."

Ich stimme insoweit nach wie vor meiner eigenen Definition zu, wenn ich die Ausführung einfach mit dem Aspekt der „Selbstsicherheit" stehen lasse, also beende. Warum? Weil der Selbstwert nur ein gedankliches, vom Ego-Verstand geschaffenes Konstrukt ist, mit dem du dich in den bewertenden Vergleich mit anderen Menschen (und deren Leistungen, Möglichkeiten etc.) begibst, was die Hauptursache der leidvollen Problematik eines niedrigen Selbstwertgefühls überhaupt darstellt. Genügt es nicht einfach selbstsicher zu sein?

Die Problematik verdeutlicht sich in Brandons Punkt 2 seiner Definition, denn was er hier beschreibt, stellt im engeren Sinne kein Vertrauen dar, sondern es fühlt sich an wie ein Wollen, ein Verlangen, einen Anspruch auf etwas, was dir jemand im Gegenzug zu deiner Leistung geben soll oder muss.

Und wenn dies nicht befriedigend geschieht, „wackelt" der vermeintliche Selbstwert und füllt dann die Praxen der Psychologen, Therapeuten und Coaches. Ein riesiges einträgliches Geschäft zur „Entwicklung eines hohen Selbstwertgefühls" ist entstanden, welches das Problem jedoch nicht dauerhaft löst, sondern leider verstärkt!

Die Erwartungen des Selbstwertes

Wer genau soll dir denn diese „Gegenleistungen" erfüllen? Bei wem forderst du dein Recht ein, erfolgreich und glücklich zu sein? Wer gibt dir das Gefühl, es „Wert zu sein" und warum musst du da überhaupt „hinein vertrauen" etwas zu verdienen? An wen richtest du deinen Anspruch nach Geltendmachung deiner Bedürfnisse und Wünsche? Wer sollte dir denn dein Recht zur Verwirklichung deiner Wertvorstellungen und deinen Anspruch die Früchte deiner Bemühungen zu genießen nehmen können? Das fühlt sich so an, als müsstest du um etwas kämpfen, so als gäbe es das alles nicht freiwillig bzw. als könntest du ohne all das nicht (zufrieden) leben! Wenn du in etwas vertrauen musst, dann ist es ja scheinbar (noch) nicht da, (noch) nicht existent. Es ist dann etwas, was du haben willst, aber noch nicht hast. Also entwickelt sich ein Verlangen danach – und dieses Verlangen ist die erste Ursache des Problems.

Weil der Mensch alles in seine Außenwelt projiziert, will er sein Bedürfnis nach Wertigkeit auch vom Außen erfüllt sehen. Das bedeutet: Du glaubst, dass die anderen dazu da sind, deine Erwartungen, Ansprüche, Wünsche usw. zu bedienen. Die anderen, das sind die Mutter, der Vater, die Geschwister, der Partner, die Freunde, der Chef, die Kollegen, die gesamte Gesellschaft mit ihrer Norm und ihren Gesetzen; und wenn dir alle nicht geben wonach du verlangst, dann ist schlussendlich das Leben (Gott) der Übeltäter, der dir alles vergällt bzw. vorenthält. Du richtest also Erwartungen an dein Umfeld – was die zweite Ursache des Problems darstellt -, und wenn diese nicht erfüllt werden, dann sind die anderen schuldig und du bist der Leid-Tragende. Die Rolle des „Opfers" wird gespielt, um sich in dieser Position das Verlangte zu „erpressen". Gelingt die Erpressung, stabilisiert sich der Selbstwert in der positiven Form und wenn nicht, dann stabilisiert er sich ebenso (!), jedoch in der negativen Form. Das Spiel nimmt seinen Lauf: ein ständiges Haben-Wollen von etwas, was du (dein Ego) glaubst zu brauchen, um dich gut und wertig zu fühlen.

„Um Selbstvertrauen entwickeln zu können,
müssen wir bei uns, in uns selbst sein,
unabhängig von den anderen.
Wir können kein Selbstwertgefühl aufbauen,
wenn wir anderen Menschen Macht
über uns geben.
Wir sind dann nicht bei uns,
sondern immer beim anderen.
Wir beziehen unseren Selbstwert nur
vom Wohlwollen, vom Lob oder
der Bestätigung des anderen."

Anselm Grün

Das "Märchen" vom Selbstwertgefühl

Es ist das Ego (Verstand), das in der „Verkleidung" des gedanklich konzeptuierten Selbstwertes daher kommt und alles Mögliche für sich beanspruchen will. Es lässt dich glauben, dass es so etwas wie ein Selbstwertgefühl gibt und dass man es nur ordentlich „füttern" muss, damit man glücklich und vor allen Dingen erfolgreich durchs Leben kommt. Denn ist es nicht so, dass ein hohes Selbstwertgefühl gleichgesetzt wird mit Erfolg, also Macht, Geld, Ansehen, hohem Status, Wichtigkeit etc.? Und dass Misserfolg gleichgesetzt wird mit einem niedrigen Selbstwert? Wer hat diese These aufgestellt, der Psychologie, Philosophie, Soziologie und im Prinzip das gesamte Gesellschaftssystem folgen? Wahrscheinlich ein Ego, das die Verantwortung für seine Erfolglosigkeit nicht selbst tragen wollte und so einen Schuldigen gefunden hat, für den auch alle anderen „Erfolglosen" dankbar sind, weil sie sich hinter ihm verstecken können.

Ich weiß, das klingt böse und hart und dennoch ist es die Wahrheit, was keinesfalls ausschließt, dass wir bereits in unserer Kindheit machtlos in die eine oder andere Richtung geprägt werden. Natürlich ist es so, dass ein Kind, das gelobt wird und dem man versichert, dass es alles schaffen kann, voraussichtlich mit einem guten Selbstvertrauen ins Leben startet und dass ein junger Mensch, dem man das natürliche Vertrauen dadurch genommen hat, dass man ihn negativ bestärkt – also im Sinne von „das schaffst du nie" oder ängstlich behütet mit beispielsweise „pass aber auf, sei vorsichtig", „ob du das wirklich kannst?" oder im schlimmsten Fall „aus dir wird niemals was", – dann wohl ängstlich oder unsicher ins Leben geht. Das ist das eigentliche „Verbrechen", das einem unschuldigen Kind angetan werden kann und sei es auch aus der gutgemeinten, aber fatalen elterlichen Sorge (also Angst) heraus. Ganz unverständlich scheinen die Fälle, in denen es Eltern aus Neid, weil sie es selbst nicht „geschafft haben", ihren Kindern durch die negative Prägung im Vorhinein schon unmöglich machen wollen, sie jemals „übertrumpfen" oder eines Besseren belehren zu können.

Deine Prägungen sind da, du kannst sie nicht ungeschehen machen, aber du kannst dich auch nicht auf ihnen „ausruhen" und bis ins hohe Alter hinein immer wieder darauf zurückkommen, dass du ja keine Chance hattest, weil deine Prägung dies nicht zuließ. Erwachsensein bedeutet im Grunde, den Dingen gewachsen zu sein, Selbstverantwortung für dich tragen zu können und zwar in jedwede Richtung und in allen Bereichen deines Lebens. Es gibt Männer, die können beruflich sehr viel Verantwortung tragen und überaus erfolgreich sein, sind aber in ihren Beziehungen klein und abhängig. Und es gibt erfolgreiche Frauen, die jeden Abend mit ihrer Mama telefonieren müssen, um bestätigt zu werden (vice versa). Beide scheinen nach außen hin einen hohen Selbstwert zu besitzen, der jedoch nicht die gesamte Persönlichkeit umfasst, sondern nur teilweise und nicht stabil und ohne echte Überzeugung ist, weil abhängig von äußeren Umständen oder Bestätigungen.

Da stehst du also dann als junger Erwachsener mit deinem Ego, das dir einflüstert, dass du der Größte bist oder andererseits, dass du niemals Karriere machen kannst, weil du in die „falsche Familie" geboren wurdest. Im ersten Fall kann es sein, dass du zum arroganten Großkotz mutierst, was soziale Probleme mit sich bringen wird und im zweiten Fall kann es sein, dass du dich zum Opferlamm entwickelst und dich dem (modernden) Mobbing ausgesetzt siehst. Beides wäre dann ein Fall für den Psychotherapeuten. Wenn du aber die vollständige Verantwortung für dich übernimmst, wenn du erkennst, dass – egal wie deine Prägung ist - du die Macht hast, sie (und damit dich) zu verändern, dann kann dich nichts daran hindern, ein stabiles Selbstvertrauen zu erschaffen, welches dir die Erfolge beschert, die dann das feste Fundament deiner Selbstsicherheit bilden.

Die Egozentrik des Selbstwertes

Der Selbstwert ist also das „verkleidete" Ego und das Ego kreist immer um sich selbst, das ist ihm eigen. Und es ist nie zufrieden, es ist nie genug, es muss immer mehr sein. Das Ego ist ein Nimmersatt. Du kannst noch so viele Erfolge sammeln, es wird nie reichen. Es ist entscheidend zu wissen, dass sich das nicht nur auf das Positive bezieht, sondern auch auf das Negative. Das Ego „speist" sich also aus allem, was du ihm anbietest. In einem Fall ist das ein Erfolg nach dem anderen und das Ego bläht sich auf, weil es sich gut findet und im anderen Fall, kann das ein Misserfolg nach dem anderen sein. Und was passiert? Glaubst du, das Ego wird dann kleiner? Nein, es bläht sich ebenso stark auf, wie im Falle des Erfolgs. Warum? Weil seine Überzeugung, mies, klein und schlecht zu sein, bestätigt wird.

Das Ego wächst also nicht nur durch positive Eindrücke und Erlebnisse, sondern in gleicher Weise durch negative. Es ist dasselbe: das Ego wird bestärkt, so oder so!

Ein starkes Ego ist alles in allem also ein besonders positiver oder negativer Selbstwert. Das Problem ist demnach nicht der Misserfolg und das Versagen, sondern die Bestärkung, die das Ego jeweils erfährt.

Du hälst mit deiner negativen Überzeugung dein Versagen selbst in Gang, weil du deinem Ego folgst, das immer mehr will, egal wovon, ob positiv oder negativ spielt keine Rolle:

Großer Selbstwert = großes Ego
Kleiner Selbstwert = <u>auch</u> großes Ego!!!

Das ist die wichtigste, entscheidende Erkenntnis die du haben musst, um die Spirale deines schlechten, niedrigen Selbstwertgefühls zum Stoppen zu bringen (die „positive Seite" des Selbstwertes, die in einer Egomanie bzw. Hybris enden kann und damit kaum „aussichtsreicher" ist, wird hier nicht ausdrücklich behandelt, denn beides ist ja im Grunde dasselbe).

Wenn du deinem Ego folgst,
bist du auf dem Irrweg!"

Die Entstehung des Selbstwertgefühls

Du erkennst also, dass es den Selbstwert so gar nicht gibt, dass es eine Erfindung, ein Gedankenkonzept, eine Theorie deines Egos ist. Wozu ist es entstanden, was ist der Zweck des Selbstwertgefühls? Was will dein Ego mit dem Selbstwert erreichen – so oder so?

Dein Ego will in erster Linie eines: es will WICHTIG sein, es will etwas Besonderes sein, es will besser sein und von all dem permanent mehr. Dein Ego hat nie genug, es ist nie zufrieden, hört nie auf zu wollen. Hörst du manchmal die Stimme, die dich antreibt oder verunsichert, die unzufrieden nörgelt und der nichts gut genug ist? Sie ist die Ursache für Stress und Druck in deinem Leben. Es sind die Ego-Gedanken, die dir immer wieder weismachen wollen, dass das, was du tust, nicht reicht. Und das ist nicht nur bei einem vermeintlichen Versager der Fall, sondern auch beim erfolgreichen Menschen! Da besteht kein Unterschied – beide werden vom Ego stets höher und weiter oder immer tiefer und enger angetrieben. Bei beiden funktioniert die gleiche Überzeugung: das was der Mensch ist, hat oder tut ist nicht gut genug, es reicht nicht!

Durch den Vergleich erkennt das Ego seinen Status in der Gesellschaft. Es misst seine eigene Wichtigkeit im permanenten Abgleich mit anderen, deren Möglichkeiten und Leistungen, wobei natürlich unaufhörlich bewertet wird (Vergleich ist immer wertend!). Ist jemand erfolgreicher, dann gibt es für das neidische Ego zwei Möglichkeiten: entweder es wertet die Leistung des anderen ab, um selbst wieder gut dazustehen und seine Position zu verteidigen oder das Ego wertet dich (sich) ab und du wirst depressiv und fühlst dich klein und unwichtig. Entweder es bleibt dann beim miesen, kleinen Selbstwertgefühl oder dein Ego kommt dann mit der Ausrede, dass der andere ja sowieso alles geschenkt bekommen hat, während du selbst niemals wirklich eine Chance hattest. Deine Opferrolle bestätigt dann wieder die negative Überzeugung, dass du nichts dafür kannst und das Ego hat seine Position wieder behauptet. Du siehst, das Ego ist trickreich und je nachdem, womit es mehr Macht ausüben kann, macht es deinen Selbstwert groß oder klein – in beiden Fällen jedoch bestärkt es sich selbst.

Das Gefühl für einen guten oder schlechten Selbstwert entsteht also durch vergleichen und bewerten. Du vergleichst dich permanent (automatisch) mit deiner Umwelt und deren Leistung oder Hab und Gut. Wenn Menschen mehr haben als du, wertest du sie entweder ab oder leidest, weil du es nicht bist oder hast (= Selbstmitleid). Du verkriechst dich dann hinter der Ausrede, dass du wohl „in die falsche Welt hinein geboren wurdest" und das Schicksal es nicht gut mit dir meint.

Ich möchte an dieser Stelle nochmals betonen: Wir wollen die Wirkung unserer kindlichen Prägung, die wir alle in unsere Erwachsenenwelt mitbringen, nicht verleugnen oder schmälern. Aber irgendwann muss der Zeitpunkt in deinem Leben kommen, an dem du dies hinter dir lässt. Es ist der Zeitpunkt, an dem du wirklich Verantwortung für dich selbst übernimmst und das beginnt normalerweise in dem Moment, in dem du dein kindliches Zuhause verlässt und dein Leben selbst nach deinen Vorstellungen gestaltest. Es muss dir dabei bewusst sein, dass du stets die Wahl hast - es liegt alles an dir. Du bist sozusagen der „Schöpfer deines Lebens" – und deine Schöpfung muss nicht groß sein. Du kannst auch im Kleinen erfolgreich und vor allem dabei glücklich und zufrieden sein. Ein großer Selbstwert bedeutet nicht, dass du große Dinge bewegen musst!

Und außerdem ist es fraglich, ob es überhaupt Sinn macht, den Selbstwert nach gut, schlecht, groß, klein einzuteilen; zutreffender wäre eine Unterscheidung in stabil oder instabil. Denn es ist überwiegend so, dass du Lebensbereiche hast, in denen du dich selbstsicher fühlst und dann gibt es wieder andere, in denen du dich nicht so gut auskennst und eher unsicher bist. Sicherheit bedeutet Stabilität und Unsicherheit bedeutet Instabilität (und

Angst). Das ist normal und begegnet dir überall im Leben. Das Ego hat in seiner Egomanie aber den Anspruch, überall das Beste sein zu wollen und so redet es dir im Falle von Unsicherheit ein, du seist schwach, klein, mies, dumm etc.

Man mag es kaum glauben, aber viele Menschen mit einem vermeintlich niedrigen Selbstwertgefühl, also quasi einem sog. Minderwertigkeitskomplex, verlangen oft Perfektion von sich. Sie haben so hohe Ansprüche an sich selbst, dass diese kaum jemals erreicht werden und so ist es niemals möglich, ein entsprechendes Gefühl von Erfolg zu spüren. Wenn du deine Ziele im Unerreichbaren aufhängst, brauchst du dich nicht zu wundern, wenn dich ein ständiges Gefühl des Versagens begleitet.

Das permanente (Selbst-)Bewerten ist mittlerweile zur Krankheit der Menschheit geworden (die „Selfimanie" der Wichtigkeit). Denn was genau ist denn der Selbstwert im engeren Sinne? Er ist eine Bewertung, die du über dich selbst abgibst. Du selbst also bewertest ständig deine Leistung, dein Aussehen, deinen Erfolg, deine Freunde, deinen Status, einfach alles! Und da gibt es dann für jeden Bereich eine Skala, die von der Gesellschaft vor vielen Jahren aufgestellt wurde, die sich im Laufe der Zeit verändert aber auch zigfach erweitert hat, analog zu den unermesslichen Möglichkeiten der modernen Welt. Ist es nicht unglaublich anstrengend, diese ständige Vergleichsbewertung auf allen Ebenen deines Lebens auszuüben? Und was du vielleicht gar nicht weißt: sie findet auch (hauptsächlich) im Hintergrund deines bewussten Lebens statt - also in deinem Unterbewusstsein -, so dass sie auch ohne von dir wahrgenommen zu werden in dir wirkt und dir Energie raubt. Da brauchst du dich einerseits nicht über schlechte Gefühle wundern, von denen du gar nicht weißt, woher sie kommen, die dich belasten und nicht schlafen lassen und andererseits hast du hier den Grund, warum dir für Vieles die Energie fehlt, die hier im unbewussten Bereich zur Verarbeitung des ständigen Abgleichs benötigt wird.

„In den Momenten,
in denen es uns gelingt zu sein was wir sind,
ohne viel zu fragen was wir sein sollten,
funkelt unser Lebenslicht wie ein heller Stern."

Jochen Marib

Die Verstärkung des Problems

Psychologen, Ego-Trainer und Life-Coaches sind bemüht, die Selbstwertschwächen ihrer Klienten durch die Übung von Selbstannahme und Selbstliebe zu therapieren. Selbstliebe und Selbstannahme sind zu geflügelten Begriffen geworden, mit denen „viel Geld gemacht wird". Die Psychologie geht davon aus, dass ein gesunder Selbstwert nur dadurch entstehen kann, dass du dich selbst annimmst und liebst wie du bist. Das Ganze fühlt sich ein bisschen so an, als gäbe es zwei von dir: einen der schwach ist und einen der den Schwachen lieben soll. So bist du fortwährend dabei dir selbst etwas „einzuverleiben". Indem du auf diese Weise bemüht bist darauf zu achten, dass du dir genügend Aufmerksamkeit und Liebe gibst (vielleicht unterstützt durch individuell auf dich zugeschnittene Affirmationen, die dir suggerieren, dass du erfolgreich und wunderbar liebenswert bist), machst du dich (dein Ego) immer wichtiger. Du bist permanent dabei dich selbst zu bestätigen, in etwa so, dass du nur das Beste verdient hast, weil du das Beste bist. In diesem Glauben wachsen deine Bedürfnisse ins Unermessliche und du beginnst Forderungen aufzustellen, die du hauptsächlich auf dein Umfeld projizierst. Das schafft wiederum soziale Konflikte, was dich dann wiederum darin bestärkt, dass etwas mit dir nicht stimmt oder du nicht gut genug bist.

Ich habe das seltsame Gefühl, dass alle Worte nicht genug sind, um ausreichend klar und einleuchtend genug zu erklären, dass erst die Wichtigkeit, die du dir (deinem Ego) gibst, das gesamte Problem des (niedrigen) Selbstwertes überhaupt erst erschafft.

Was wäre,
wenn es überhaupt keinen Selbstwert gäbe???

Teil 2:

Der paradoxe Heilungsweg:

SEI(N) ohne Wert!

Die Selbstwert-"Illusion" entlarven

Stelle dir einmal vor, es gäbe den Selbstwert überhaupt nicht, du hättest noch nie von einem Selbstwertgefühl gehört. Wie fühlt sich das an? Verändert es dich in deinem Selbstbild? Und wie ist das dann in der Wechselwirkung mit anderen Menschen und Situationen? Entsteht vielleicht ein gewisses Gefühl von Freiheit und Erleichterung - oder doch eher Angst, Unsicherheit und Unruhe? Was wäre anders ohne Selbstwert, wenn er quasi nicht existieren würde? Lasse dies für einen Moment in dir wirken, bevor du weiter liest.

Ist da ein Gefühl von Frieden und Ausgeglichenheit? Hat es den Anschein, dass jetzt alle Menschen gleich sind? Kann es sein, dass du dir grundsätzlich viel weniger Gedanken über dich selbst machen würdest? Wäre da weniger Vergleich mit den anderen und damit mehr Ruhe in deinem Kopf? Würde dich das entspannen und gelassener machen? Könntest du, da der Vergleich fehlt, dich annehmen wie du bist? Wärest du ehrlicher zu dir selbst, weil dir für Dinge, die nicht so gut gelaufen sind, jetzt eine „Ausrede" fehlt? Würde dich das mehr in die Selbstverantwortung führen und anspornen, es das nächste Mal besser zu machen? Könnte sich daraus dann Selbstvertrauen und Selbstsicherheit entwickeln, weil du weißt, dass nur du selbst es richten bzw. bewirken kannst?

Ist es so, dass dich all das frei macht von deiner ständigen Suche nach Lob und Anerkennung? Oder macht es dir Angst, wenn du keinen Schuldigen mehr hast und niemand mehr dich tröstet? Viele Fragen, die dich zur Wahrheit führen, wenn du dir wirklich ehrlich begegnest. Und wenn du die Wahrheit gefunden hast brauchst du kein Selbstwert-Konzept mehr. Du bist dann einfach das was du bist. Schauen wir uns genauer an, welche Antworten möglich sein könnten:

Wenn es keinen Selbstwert gäbe, wäre nichts mehr da, worüber du dir fortlaufend Gedanken machen müsstest. Die ständige Selbstbeobachtung hätte ein Ende, was bedeutet, dass du dich nicht mehr wichtig nimmst, weil du ohne jedwede Bewertung bist. Dich nicht wichtig nehmen heißt nicht, dass du klein und mies bist, sondern dass du einfach nur frei bist von der ständigen Frage, ob du so wie du bist gut bist oder ob das was du tust richtig ist. Wenn du nicht mehr wichtig bist, fällt jeder Druck weg, du musst nichts mehr beweisen (dir selbst und anderen) und das bedeutet, dass du dich so annimmst, wie du bist. Es gibt keinen schnelleren Weg zur Selbstannahme als den, das Kreisen um deine eigene Wichtigkeit zu beenden. All das hört auf, wenn du dich nicht mehr (so) wichtig nimmst. Die Selbstannahme geschieht also quasi automatisch, wenn der Vergleich wegfällt und du dich nicht mehr anders siehst als andere Menschen. Du erkennst, dass du das gleiche bist wie sie - nicht mehr, aber auch nicht weniger. Wenn du das so stehen lassen kannst, tritt ein enormes Gefühl der Freiheit ein. Eine Gelassenheit entsteht, weil du alles einfach so lassen kannst. Aus dieser Annahme deiner selbst (und im Grunde auch der anderen weil sie ja dasselbe sind) entsteht die Liebe, denn (übergeordnete) Liebe bedeutet: wir sind alle eins! Das Unglaubliche ist also, dass du in dem Moment, in dem du dich unwichtig machst, weil es gar keinen Selbstwert mehr gibt, du das geschenkt bekommst, was du dir so sehr wünscht: ein stabiles Sein (Selbstbild) mit und in deiner Umwelt.

Wenn du weißt, dass du nicht wichtiger bist als der andere und dass der andere auch nicht wichtiger ist als du, dass ihr beide das Gleiche seid, dann muss das jeden Konflikt mit deinen Mitmenschen lösen bzw. es gibt gar keine mehr. Wenn wir sehen, dass wir alle gleich sind, ist Toleranz da, die Konflikte im Grunde unmöglich macht. Konflikte mit deinen Mitmenschen entstehen nur dann, wenn du keine Toleranz übst bzw. wenn der eine den anderen nicht sein lassen kann wie er ist. Also auch hier im zwischenmenschlichen Bereich tritt Ruhe ein. Das Verständnis füreinander schafft eine gemeinsame Basis, Vertrauen kann wachsen. Selbst wenn der andere nicht mit macht (denn du kannst niemanden zwingen, sich mit sich auseinanderzusetzen), bleibst du stabiler in deiner Mitte, egal was geschieht, weil du innerlich weißt, dass der andere nichts anderes ist.

Wenn du so mit dir umgehst und den „Wegfall" des Selbstwertkonzeptes als Erleichterung und Befreiung fühlen kannst, dann bist zu auf dem besten Weg in ein selbstverantwortliches Leben. Du hast dann erkannt, dass alles nur auf deiner inneren Einstellung basiert (Gutes wie vermeintlich Schlechtes) und so mobilisierst du ab sofort deine eigene Kraft, die dir aus der Mitte deines Selbst zur Verfügung steht, um den Herausforderungen des Lebens begegnen zu können, egal ob es sich um berufliche Aufgaben oder um schwierige Menschen bzw. Situationen handelt. Du wirkst ab sofort aus deiner eigenen Kraft, ohne ständig nach Hilfe von Außen zu suchen. So gelangst du zu echter Selbstsicherheit und Selbstvertrauen.

Wenn dir diese Aussicht jedoch Angst macht, steckst du noch in deiner „Opferrolle" fest, was bedeutet, dass du (noch nicht) deine Selbstverantwortung wahrnehmen kannst oder möchtest.

Die Opferrolle verlassen

Menschen, die keine Verantwortung für ihr Tun und Handeln übernehmen, sind stets auf der Suche nach einem Schuldigen. Sie haben immer eine Ausrede parat, warum etwas nicht geklappt hat. Wenn nach hartnäckiger Suche kein Täter gefunden werden kann, muss schlussendlich der niedrige oder gar fehlende Selbstwert herhalten, an dem ebenfalls wieder die anderen (vornehmlich die Eltern) schuld sind. Grundsätzlich sieht sich das Opfer immer hilflos; es hat nach wie vor Ansprüche, die dem eines verwöhnten oder wohlbehüteten Kleinkindes entsprechen, das immer noch erwartet, dass Mama oder Papa (oder andere Autoritäten) die Probleme löst, die es selbst geschaffen hat.

Wenn du also spürst, dass dir der Gedanke, dass es keinen Selbstwert gibt, nicht gefällt oder dir sogar Angst macht, dann hängst du mit großer Wahrscheinlichkeit in der Opferrolle fest, weil sie dir (deinem Ego) nützlich ist. Es ist nämlich viel leichter, in der Opferrolle durchs Leben zu gehen, als selbst Verantwortung für das zu tragen, was du im Leben erschaffst. Und mit Erschaffen meine ich in dieser Betrachtung nicht die gewissen Lorbeeren und Erfolge, sondern vor allem die Konflikte, die sich durch eine gewisse Verantwortungslosigkeit ergeben können. Die Sache ist die: ob es sich um einen Erfolg oder um einen Konflikt handelt, beides hat mit dir zu tun, weil alles was in unserem Leben geschieht nicht un-abhängig von uns passiert. Wenn du erfolgreich bist, dann hast du etwas dafür getan und wenn du nicht erfolgreich bist, dann hast du ebenfalls etwas dafür getan, nämlich nichts; was bedeutet, dass du entwe-der Widerstand ausgeübt hast oder passiv gewesen bist.

Ob du mit Menschen öfter im Konflikt stehst oder nicht hat immer mit dir zu tun. Du kannst nämlich entweder den freundschaftlichen Konsens suchen, was Toleranz bedeutet oder den anderen in seiner Sicht abwerten, was Streit und negative Emotionen für euch beide hervorbringt, also Konflikt. Was kön-nen die anderen dafür, dass sie erfolgreicher sind als du? Was kann die vermeintlich Schönere dafür, dass sie ein solches Aussehen hat? Was kann der Kollege dafür, dass er in eine reiche Familie hinein geboren wurde? Niemand kann sich aussuchen, wohinein er geboren werden will (zumindest nicht in dieser irdi-schen Ebene der Betrachtungsweise). Und wenn du siehst, dass es Menschen gibt, die in noch viel schlechteren Bedingungen „gelandet" sind als du, sollte spätestens dann in diesem Moment dein Selbstwert (in Form deiner Ego-Stimme) Ruhe ge-ben. Aber Dankbarkeit ist ein Fremdwort für das Op-fer, denn es ist von allen immer am schlimmsten dran und es gibt überhaupt keinen Ausweg.

Wenn du im Vorhinein schon davon überzeugt bist, dass etwas nicht geht, es keinen Weg, keine Lösung gibt, dann wird das schließlich auch tatsächlich der Fall sein, denn du willst es im Grunde gar nicht wirklich, weil es dir wahrscheinlich zu anstrengend ist. Dann zieht das Opfer den nächsten Trick aus der Tasche und drückt kräftig auf die Tränendrüse und fordert so von seinem Umfeld Mitleid, Zustimmung und Verständnis, und im besten Fall findet es einen Dummen, der das stellvertretend für das Opfer tut, wozu es selbst keine Lust hat. Das Opfer findet immer jemanden, der ihm hilft, weil der Helfer wiederum in seiner Helferrolle aufgeht und so verbinden sich Opfer und Helfer (Retter) und erfüllen sich gegenseitig ihre Bedürfnisse. In vielen Fällen werden auf diese Weise Ehen geschlossen oder zumindest Beziehungen eingegangen.

Ich brauche wohl nicht zu erwähnen, dass das Opfer über eine herausragende „Nehmerqualität" verfügt und jedem seiner Mitmenschen Lob und Anerkennung abringt oder sich Trost erpresst. All das stabilisiert den miesen Selbstwert weil er mit diesen Zuwendungen die Überzeugung des Egos, ein Opfer der bösen Welt zu sein, bestätigt. Man muss sich an dieser Stelle wirklich die Frage stellen, welches Ego das größere bzw. stärkere ist, das des Erfolgreichen oder des Opfers! Du kannst im übrigen daran feststellen, ob du es mit einem „maskierten" Opfer zu tun hast, wenn du nach eurem Zusammensein das

Gefühl hast, erschöpft zu sein oder Ruhe zu brauchen, denn das Opfer ist ein „Energieräuber".

Jeder hat die Wahl, seine Opferrolle zu verlassen und mutig Verantwortung für sich selbst zu übernehmen. Denn das ist es, was geschieht, wenn du deinem Ego nicht mehr gestattest, nach fadenscheinigen Ausreden für Faulheit, Bequemlichkeit, manchmal auch Trotzigkeit zu suchen. Wenn du erfolgreich sein willst, dann musst du etwas dafür tun, so einfach ist das. Und du darfst nicht zulassen, dass dir dein eigenes Ego einredet, dass du das nicht schaffen könntest oder dass das sowieso nie möglich sei und alle anderen es besser machen. Verantwortung zu übernehmen beginnt im Kopf! Konkret gesagt: trage Verantwortung für das was du denkst! Denn mit dem Denken beginnt Erfolg oder Misserfolg. Wenn du deine Gedanken auf Erfolg ausrichtest, so wird er eintreffen, wenn du nicht an Erfolg bzw. an dein Versagen glaubst, dann wird sich auch das bestätigen. Es kann schon sein, dass ein selbstverantwortliches Leben anstrengender ist, aber es ist um ein Vielfaches positiver, erfolgreicher, freier und kreativer. Sei also ehrlich zu dir selbst, blockiere dich nicht in deiner eigenen Kraft und damit deinen möglichen Erfolg! Du kannst genauso erfolgreich sein wie jeder andere auch, wenn du dich dazu entschließt, deine Opferrolle zu verlassen und Verantwortung für all dein Denken, Fühlen und Handeln zu tragen.

Ideale relativieren

Wie schon erwähnt, beginnt das Problem des niedrigen Selbstwertes damit, dass du dich wichtig nimmst. Du vergleichst dich mit anderen und schaust nach deren vermeintlichen Erfolgen, die du im besten Fall übertreffen willst. Wenn kein äußerer Vergleich da ist, dann kramst du in deiner Erinnerung und schaust nach eigenen bisherigen Erfolgen, die du dann wiederholt erreichen oder übertreffen willst. Dabei richtest du dich an Idealen aus, die entweder in der Außenwelt tatsächlich existieren oder es handelt sich um Ideale, die dein ständig unzufriedenes Ego aus dem Hut zaubert. Es schreibt dir immer höhere Ziele vor, ganz egal um was es sich handelt.

Das Gefühl, minderwertig zu sein, entstammt dabei den eigenen (Ego-)Gedanken. Du selbst hast es in der Hand, ob du eine Sache als Erfolg oder Misserfolg bezeichnest. Wenn du hohe Ziele definierst, die nur ganz schwer oder im Grunde eigentlich gar nicht erreichbar sind, weil illusionär, dann ist es klar, dass sich ein Gefühl des Versagens einstellen muss. Wenn du deine Ziele in ein erreichbares Maß rückst, also „runterholst" in etwas bequem Mögliches, dann hast du das Gefühl ein Gewinner zu sein. Es hängt also ganz entscheidend von einer realistischen Zielerreichbarkeit ab, ob du gewinnst oder verlierst. Das ist DER Schlüssel für das Erfolgsgefühl. Und es ist völlig legitim, das Maß immer wieder aktuell und individuell zurechtzurücken, denn es wäre doch eine regelrechte Dummheit, fortwährend Erfolgen hinterher zu hecheln, die sich an einem unrealistischen Maßstab ausrichten, was dich nicht nur destabilisiert, sondern dir auch in hohem Maße deine Energie raubt. Der einfache Weg, um aus dem Druck und der „Aufwärtsspirale" herauszukommen, ist also die Herabsetzung deiner Ideale. Am besten wäre es natürlich, wenn du völlig auf Ideale verzichten könntest! Aber das kann fürs Erste vielleicht ein zu großer Schritt in die Veränderung sein (was dich nicht davon abhalten soll es zu versuchen, wenn du Lust darauf verspürst). Es ist gut, wenn du im ersten Schritt deine Ideale auf ein bequemes Maß bringst und in dein Leben überträgst, es eine Weile „übst" und wenn du dann das Gefühl hast, du möchtest dich gänzlich befreien, dann lass alle Ideale los.

Auch kannst du Ideale nur nach den tatsächlichen Möglichkeiten setzen. Und dabei geht es nicht allein um dein Können, sondern auch um die äußeren Umstände. Du kannst noch so viel Talent für eine Sache haben, wenn die notwendigen Umstände nicht gegeben sind, dann kannst du hier nicht wirklich etwas erreichen. Zum Beispiel, weil das Geld dazu fehlt oder ein entsprechender Standort oder ein Partner oder Nachfrage oder Mut usw.

Realistisch ein Ideal zu setzen bezieht also alles ein, was zur Erreichung notwendig ist und wenn eines der Teile fehlt oder nicht erfüllt werden kann, dann kann das Ideal nicht erreicht bzw. überhaupt nicht als Ziel definiert werden.

Manche Menschen wollen das aber nicht einsehen und bleiben weiter an ihren Idealen hängen, die jedoch Illusionen bleiben müssen. So träumst du dann von einem Leben, das es kaum jemals für dich geben kann, es sei denn, du gewinnst im Lotto oder lässt dich auf Umstände ein die dich krank machen. Das soll nicht heißen, dass du keine Träume haben darfst. Aber die menschliche Geschichte zeigt, dass jeder, der seinen Traum in Erfüllung bringen konnte, etwas dafür getan hat - und zwar oftmals nicht wenig (american dream). Aber genau das will der „Illusionist" nicht sehen und bleibt so in negativen Gefühlen des Neides und der Missgunst gefangen.

Das gleiche gilt für Dinge, die mit dem eigenen Aussehen zu tun haben. Wenn du damit unzufrieden bist, hast du heute die Möglichkeit zur Schönheitsoperation, welche immer fleißiger in Anspruch genommen wird und durchaus legitim ist. Wenn aber die äußeren Umstände dies nicht zulassen bzw. finanzielle Mittel fehlen, dann bleibt dir nichts anderes übrig als zu versuchen, das Beste aus dir selbst zu machen, also aus dem was ist. Auch hier heißt es also nicht untätig im Selbstmitleid zu verharren, sondern aktiv zu werden und das zu verändern, was möglich ist und das kann ganz schön viel sein; zum Beispiel durch Bewegung (Sport), gesundes Essen (für entsprechende Haut, Ausstrahlung etc.), gelungener Haarschnitt, typgerechtes Make up, phantasievolle Kleidung usw. Aus all dem kann man äußerlich eine interessante Persönlichkeit gestalten, die zusätzlich durch ihre innere positive Einstellung, ihre Lebensfreude und Offenheit punkten kann. Es gibt viele tolle Menschen mit einem unglaublichen Charisma, die weder besonders schön, noch besonders erfolgreich sind. Sie sind einfach der, der sie sind und das kann man spüren. Sie sind stabil, weil sie nichts von sich verlangen, was sie nicht sind!

Schlussendlich gilt: du kannst nicht alles haben!

„Annahme seiner selbst
hat etwas mit Demut zu tun, mit dem Mut,
seine eigene Menschlichkeit anzunehmen.
Entscheidend ist, dass ich mich mit allem was in
mir ist annehme, nicht nur mit meinen Stärken,
sondern auch mit meinen Schwächen.

Derjenige hat ein gesundes Selbstwertgefühl,
der sich auch erlaubt schwach zu sein,
der mit Humor seine eigenen Schwächen
anschauen und sich mit seinen Schattenseiten
auseinandersetzen und annehmen kann.
Das Sich-Selbst-Annehmen
ist ein lebenslanger Prozess.

Wir müssen versuchen die Illusion aufzugeben,
der zu werden der wir gerne sein möchten,
sondern versuchen in aller Demut ja zu sagen
zu dem was ist, in der Gewissheit,
dass ich so wie ich bin angenommen bin.

Sich annehmen bedeutet auch,
sich auszusöhnen mit seiner Lebensgeschichte."

Anselm Grün

Die Vergangenheit loslassen

Wenn du erkannt hast, dass du in der Opferrolle feststeckst, dass dich dein Selbstmitleid blockiert und Erfolg verhindert, hast du den ersten Schritt in ein STABILES SELBST getan. Erkennen bedeutet, dass du dir deiner selbst bewusst geworden bist, also deine eigene Ego-Stimme entlarvt hast, die dir einredet, du seist nichts Wert und die mit fortlaufenden Gedanken über dich selbst die „Selbstwert-Illusion" überhaupt ins Leben ruft. Je mehr deine Gedanken um dich selbst kreisen, umso wichtiger nimmst du dich.

Wenn du außerdem erkennst, dass du deinen eigenen Misserfolg dadurch schaffst, dass du deine Ideale und Ziele zu hoch, zu unrealistisch oder an den Möglichkeiten und Umständen vorbei definierst, dann hast du dich auch hier aus der Unbewusstheit heraus in die Lage versetzt, Verantwortung für dich selbst zu tragen. Dir ist dann bewusst, dass du eine Wahl hast, dass du den Dingen nicht ausgeliefert bist, sondern dass du selbst für dich festlegen kannst, was du erreichen oder verändern, planen oder akzeptieren möchtest.

Wenn du so weit bist macht es Sinn, zuerst alles Alte loszulassen, bevor du in ein neues, zufriedenes und erfolgreiches Leben startest. Das bedeutet, deine erfolglose und mitleidige Vergangenheit aus deinen Gedanken und deiner Erinnerung zu löschen, um dich ganz frei und wie neu geboren auf das Neue ausrichten zu können. Wie kann dir das gelingen?

In erster Linie geht es darum, dass du Verantwortung für deine Gedanken übernimmst. Dass du dir sagst, dass jetzt nur noch du bestimmst, was du denken willst und dass du ab sofort nicht mehr (vom Ego) „gedacht wirst". Beobachte also deine eigenen Gedanken, so oft es dir möglich ist (das wird sich mehr und mehr automatisieren). Gehe dabei in eine innere Distanz, so als würdest du von außen dein eigenes Denken beobachten. Personifiziere also das Ego (Verstand) und sprich mit ihm; wenn du möchtest, kannst du ihm sogar einen Namen geben.

Anfangs kann es ein, dass sich die alten Denkmuster laufend versuchen einzuschleichen. Aber du wirst dies immer schneller wahrnehmen und dann gegensteuern können und zwar mit einer „positiven Gegenbotschaft". Beispiel: Du hattest den „alten" Gedanken „das schaffe ich nie" und deine Gegenbotschaft kann dann lauten „ich schaffe alles was ich mir vornehme". Die positiven Gegenbotschaften sollten möglichst positiv formuliert sein, also nicht „ich bin nicht unsicher", sondern „ich bin sicher und stabil".

Es ist nützlich, wenn du auch aktiv ein bisschen in deiner Vergangenheit kramst und alle negativen

Botschaften (Gedankenmuster) notierst, die du dabei entdeckst. Formuliere dann für jede dieser negativen Überzeugungen eine neue, positive Botschaft. Diese kannst du dir dann selbst im Sinne einer Affirmation laut oder gedanklich vorsprechen, am besten in der Stille, beim Meditieren oder einfach beim entspannten Liegen auf dem Sofa, im Bett oder wo auch immer du willst. Diese neuen Botschaften prägen sich durch Wiederholung im Erinnerungsspeicher des Gehirns ein.

Das ist die wichtigste Aufgabe, die dich in die Stabilität und Zufriedenheit führt: die „richtige" gedankliche Ausrichtung auf das Gute, Positive, Schöne, Mögliche, Starke. *Bleibe dabei aber immer im ehrlichen und realistisch möglichen Rahmen. Wenn du dir nämlich „überzogene" Botschaften gibst, die mit der Wahrheit nichts zu tun haben, wären sie nicht nur ohne Nutzen, sondern auch schädlich, weil du innerlich spürst, dass du dir selbst etwas vormachst!*

Bevor du dich auf dein neues, erfolgreiches und zufriedenes Leben einlässt, empfehle ich dir ein Ritual, mit dem du deine gesamte, negative Vergangenheit abschließen kannst: Notiere dir alle Ursachen, deiner bisherigen Unzufriedenheit und Erfolglosigkeit. Du kannst dies in Form eines Briefes tun, den du an „dein altes Ich" schreibst. Erkläre darin, dass du all das nun aus deinem Leben streichst, dass die erfolglose und unzufriedene Zeit jetzt vorbei ist, dass es dich nie mehr ärgern oder verletzten kann und dass du es nun für immer aus deinem Leben streichst. Dabei kann es sein, dass du auch an Menschen denkst, die du (noch) für „mit-schuldig" hälst. Beziehe sie in diesen Brief mit ein; du darfst deine Vorwürfe formulieren, versuche aber in Frieden abzuschließen und diese Menschen gut gesinnt (aus deinen Gedanken) gehen zu lassen. Lass nicht zu, dass noch Ärger in dir bleibt, denn das würde das Loslassen verhindern. Schreibe in deinen Brief, dass du jetzt dein neues, „echtes" Leben beginnst, so wie es – analog zu deinen Talenten und Anlagen – dir entspricht und für dich bestimmt ist. Schreibe, dass du jetzt weißt, dass du genau so wie du bist sein sollst und dass du dir um dich keine Gedanken mehr machen musst. Schreibe, dass du verstanden hast, dass du so wie du bist genügst und dass du weder besser oder schlechter bist als andere. Formuliere deine guten Vorsätze und deine wichtigsten Ziele. Gib dir das Versprechen, dass du dich von nichts und niemandem von diesem guten Weg abbringen lässt und dass du für alles selbst Verantwortung trägst. Lasse vor allen Dingen dabei deine Opferrolle los und auch dein kindliches Muster, das immer nach Ausreden sucht.

Wenn du alles notiert hast und ein Gefühl der Erleichterung sich in dir regt (manchmal auch durch Tränen sichtbar), dann nimm diesen Brief (oder Notiz), fahre damit an einen Fluss, lese ihn dort noch einmal in Ruhe, weine, wenn du willst, zerreiße ihn dann und werfe das Papier ins fließende Wasser. Der Fluss symbolisiert das Leben: alles Alte geht, das Leben fließt, Neues kommt. Überlasse so dein altes Leben der Vergangenheit und verabschiede dich in Frieden!

Wenn es dir lieber ist, kannst du den Brief auch verbrennen und quasi „in Rauch aufgehen" oder „zu Asche werden lassen". Ihn irgendwo zu deponieren, würde ich dir nicht empfehlen, denn du würdest so das Alte trotzdem noch mit dir herumschleppen und es wäre so nicht wirklich losgelassen.

Toleranz leben

Wenn du deine (kleine, negative) Vergangenheit losgelassen hast, fängst du quasi wieder bei Null an, unbeschwert und frei und kannst dich mit frischer Energie an deinen neuen Werten ausrichten, die du für dich in deinen positiven Botschaften bzw. Überzeugungen selbst formuliert hast. Das ist die Basis deiner neuen Sichtweise, die Gutes und Erfolgreiches und vor allen Dingen Stabilität in dein Leben bringen wird. Einer der wichtigsten Werte sollte dabei die TOLERANZ sein, die sich auf alles bezieht, was dir in deinem Leben begegnet - sogar auf dich selbst! In erster Linie geht es hier natürlich um Menschen und deine Gleichstellung mit ihnen, egal woher der Mensch kommt, wie er aussieht oder welche Bildung er hat. Es gibt in dieser Welt verschiedene Länder und damit Kulturen, Sitten, Einstellungen, Gesetze, also Prägungen, in die ein Mensch hinein geboren wird. Jeder wird für sich empfinden, dass seine Kultur stimmig ist, weil er so geprägt ist. Das findet zuerst in der kleinsten Gemeinschaft, der Familie, statt. Sicher warst du als Teenager auch überrascht, als du entdecktest, dass es in anderen Familien ganz anders zugehen kann. Als Kleinkind war dir das noch nicht aufgefallen, weil du dich noch nicht bewusst mit Andersartigkeiten auseinandergesetzt hast. In diesem Stadium nehmen wir noch alles wie es ist, ohne zu unterscheiden! Hier in der

Familie werden im Grunde die Samen aller Werte gelegt, demnach also auch für Toleranz oder Intoleranz. Zum Beispiel wenn bei fremden Familien andere Werte gelebt und weitergegeben werden und dies dann schlecht gemacht wird, im Sinne von „bei uns ist das besser" oder „so wie die das machen ist es falsch oder schlecht". Und alles verstärkt sich negativ, wenn die Bedürfnisse des Kindes nach eigener Meinung abgewiesen oder gar bestraft werden.

Über die Familie hinaus sind es dann die verschiedenen Gemeinschaften und Verbände, die sich jeweils von anderen abtrennen und ihre „Andersartigkeit" betonen, wie beispielsweise Religionen, Schulsysteme, Freizeitgruppierungen, Parteien, Städte und schlussendlich Länder und Staaten; der Nationalstolz trägt im Grunde den gefährlichsten Keim der Intoleranz in sich, dessen Wirken sich im schlimmsten Fall in Kriegen zeigen kann.

Intoleranz ist also der Beginn und die Ursache jeden Konflikts, den du mit anderen Menschen, Systemen, der ganzen Umwelt haben kannst. Wenn du das erkannt hast, ist es ganz leicht, dich in ein konfliktfreies Leben hinein zu verändern. So wie du dir deine eigenen Werte und Regeln zugestehst, die sich in deinen Meinungen und Ansichten zeigen, so solltest du dies dem anderen ebenfalls gestatten. Du bist nicht besser als er und er ist nicht besser als du. Noch hast du Recht und er Unrecht und umgekehrt. Jeder Mensch sieht die Welt und die darin lebenden

Geschehnisse aus seiner individuellen Sicht, wertet es nach seinen Prägungen. Wenn du das in dir wirken lässt erkennst du, dass das Übel mit deiner subjektiven Be-Wertung beginnt!

Wenn du in Frieden und Respekt mit deinen Mitmenschen leben möchtest, dann kann das Ziel nur die Einigkeit, der Konsens sein. Mitgefühl und Verständnis für den anderen kann nur stattfinden, wenn du dich in die Lage des anderen versetzt, seine Position wahrnimmst und somit seine Sicht nachvollziehen kannst. Du musst sie nicht gut und richtig finden, aber einsehen, dass er es nach seiner Sicht so sehen darf. Dazu eine kleine Analogie:

Du gehst mit einem Freund in eine Ausstellung. Dort steht eine Figur, die ihr beide betrachtet – dein Freund von vorne und du von hinten. Die Vorderseite der Figur ist rot, die Hinterseite blau. Was geschieht, wenn ihr euch hinterher über die Figur austauscht? Ganz sicher wirst du mit voller Überzeugung vom wundervollen Blau sprechen während dein Freund vehement behauptet die Figur sei rot. Ihr beide seid also felsenfest von eurer Meinung überzeugt, die in der Tat ja auch für jeden absolut stimmig ist. Erst in dem Moment, in dem ihr eure Plätze tauscht, kann sich eure Sichtweise entsprechend in die des anderen wechseln. So ist ein friedlicher Konsens mit ehrlichem Verständnis für den anderen möglich. Wird die Position nicht gewechselt, kann kein wirkliches Verstehen stattfinden. In

diesem Fall muss dann Akzeptanz greifen, was bedeutet, dass du tolerant dem anderen seine Sicht
lässt und er dir deine. Hier sollte dann der Kompro-
miss angestrebt werden, was ebenfalls schlussendlich Konsens bedeutet.

„Die Wahrheit kennt verschiedene Seiten."

Den Vergleich aufgeben

Das komplexe Selbstwert-Problem beginnt damit, dass du dich mit anderen vergleichst und zwar in jedwede Richtung. Das kann das Aussehen sein, die Figur, die Leistung in Sport oder Beruf, der Status, der Besitz, die Bildung, der Partner - einfach alles was dich und dein Leben betrifft.

Das Schlimmste am Vergleich ist, dass er dich massiv unter Druck setzt, weil es natürlich immer irgendwo jemanden gibt, der in einem Teilbereich des Lebens besser ist als du. Wenn du ständig nach außen schaust, dich am Erfolg anderer orientierst, machst du dich deshalb zum Sklaven, weil du nicht mehr deinen eigenen Zielen und Werten folgst, sondern dem, was andere dir durch ihre Leistung (oder andere Attribute) vorgeben. Du bist dann zu einem abhängigen kleinen Abklatsch des anderen geworden und verlierst mehr und mehr deine eigene Identität. Irgendwann weißt du gar nicht mehr wer du bist oder was du eigentlich wirklich willst, weil in dir nur noch Ideale leben, die mit dir selbst nichts mehr zu tun haben. Du entfremdest dich, erkennst deine eigenen Talente und Anlagen nicht mehr, stehst nicht mehr in deiner Mitte, hast kein Gefühl mehr für dich und landest durch den ständigen inneren Druck in einer Depression oder im Burnout (was im Grunde das Gleiche ist) und ergibst dich in deiner Opferrolle. Schnell sind dann die anderen schuld und wenn es nicht der Chef oder der Partner oder sonstige „Antreiber" sind, dann sind es die Medien, die Gesetze und die Normen. In der Tat schafft es der Mensch heutzutage, der Werbung in Radio und Fernsehen die Schuld dafür zu geben, dass er sich durch sie gedrängt fühlt, Dinge zu kaufen, die er scheinbar gar nicht haben will. Krass ausgedrückt, handelt es sich hier im Grunde um Verantwortungslosigkeit (gibt es keinen Off-Schalter im Gerät? – oder in deinem Kopf?).

Du musst ganz klar erkennen, dass es immer jemanden geben wird, der etwas besser kann oder schöner ist oder mehr hat als du. IMMER! Du kannst nicht überall der Beste sein, das ist nicht möglich und auch nicht notwendig, es sei denn, du nimmst eine krankhafte narzisstische Störung oder eine Egomanie in Kauf, die ihre natürliche Grenze dann in der Psychiatrischen Anstalt findet. Auch sind deine Vergleiche immer nur Ausschnitte der anderen Persönlichkeit, also Teilaspekte und niemals der ganze Mensch in seiner Komplexität. Ein einfaches Beispiel: Du vergleichst dich neidisch mit einem Kollegen, der mehr Gehalt bekommt als du. Du selbst lebst in einer glücklichen Beziehung, bist gesund und hast keine Schulden. Der andere aber lebt alleine, hat kaum Freunde und muss jeden Cent umdrehen, weil er sich mit dem Kauf einer Eigentumswohnung übernommen hat. Geht es diesem Menschen in der Gesamtbetrachtung tatsächlich besser als dir? Oder kann es nicht sogar sein, dass er mehr Grund hat, dir deine glückliche Beziehung und stabilen Verhältnisse zu neiden?

Der Vergleich mit anderen „hinkt" also in der Regel, weil er sich nur auf einen Teilaspekt der Persönlichkeit bezieht. Selbst wenn es den Anschein hat, dass jemand viel Geld, gute Bildung, ein attraktives Aussehen und mehr Freunde hat als du, wird es immer noch genügend Dinge geben, die bei ihm schlechter laufen als bei dir. Lass ihm doch seine kleinen Erfolge und wisse innerlich, dass jeder Mensch Stärken und Schwächen hat und dass es nur allein an dir liegt, etwas zu verändern, wenn du mit dir oder Teilaspekten deines Lebens nicht zufrieden bist; der andere kann nichts dafür.

Das ganze leidige Thema „Selbstwert(-gefühl)" würde also quasi überhaupt nicht existieren, wenn du nicht vergleichen würdest. Die Lösung ist demnach ganz offensichtlich: lass den Vergleich einfach sein! Denn dann bist du in der Lage, den anderen klar so zu sehen, wie er ist und gleiches gilt natürlich für dich selbst. Du siehst dann nur zwei Individuen, die so sind wie sie sind. Du würdest damit automatisch in der Toleranz leben und es gäbe daher weder Neid noch Missgunst.

„Wenn du dich vergleichst und der Beste sein willst, machst du dich zum Sklaven."

Ohne Bewertung sein

Auf das Vergleichen folgt auf dem Fuße die Bewertung bzw. beides läuft im Grunde gleichzeitig ab. Das Subjekt braucht ein Objekt, also ein Ideal, welches die Skala bildet und an dem es sich messen kann. Als Objekte und Ideale können Menschen, Leistungen oder Besitztum genannt werden, aber auch Überzeugungen, Glaubenssätze, Regeln, Normen, Richtlinien, die die Erziehung, die Gesellschaft, das Umfeld dir vermittelt haben.

Alle diese Ideale leben in deinem Kopf, sind dort abgespeichert und als Ziel (Höchstzahl der Skala) definiert bzw. sind die Grundlage deines Denkens und Motiv deines Handelns. Deine Ziele entspringen also deinen Vorstellungen (den abgespeicherten Idealen) und einer Marionette gleich richtest du dich danach aus. Du bist quasi auf diese Vorstellungen „programmiert" und gehst so durch deine Welt. Deine Programme senden ein Signal, sobald du in einer anderen Person etwas entdeckst, was du selbst gerne hättest, weil es deinem inneren Ideal entspricht. Du gleichst dann unbewusst ab, wer von euch beiden näher am Ideal ist und wer nicht. Wenn du näher dran bist als der andere, dann fühlst du dich gut, hochwertig. Ist aber der andere näher an deinem vorgestellten Ziel, dann fühlst du dich klein oder schlecht. Du suchst dann nach Gründen (wie im ersten Teil schon erwähnt), weshalb du es nicht besser schaffen konntest und fällst so entweder in die Opferrolle oder wertest neidisch den Erfolg des anderen oder gleich die gesamte Person ab. Das Gefühl deiner eigenen Wertigkeit – im Guten wie im Schlechten – hängt also immer mit einem anderen zusammen, was Abhängigkeit bedeutet. Dein Selbstbild ist instabil und du bist der Spielball deiner eigenen Ideale im Kopf! Lass den anderen sein wie er ist und sei du der, der du bist. Keiner ist mehr Wert als der andere; das ist lediglich ein leeres Gedankenkonzept deines Ego-Verstandes. Wir sind als Mensch alle gleich!

„Dein Gefühl, unglücklich zu sein,
beruht nicht auf deinen Lebensumständen,
sondern auf der Prägung deines Verstandes.“

Eckhart Tolle

Erwartungen löschen

Wenn du mit Idealen lebst dann bedeutet das, dass du Erwartungen an dich selbst, an dein Umfeld, ja an dein gesamtes Leben hast. Erwartungen schaffen aber grundsätzlich ein weiteres Problem: die Enttäuschung! Sie tritt automatisch dann ein, wenn das erwartete Ergebnis nicht deiner Vorstellung entspricht. Ent-Täuschungen tun meist weh, weil sie (wie es der Begriff bereits ausdrückt) eine Täuschung aufdecken; die zuvor gesetzten Erwartungen werden also schmerzhaft als Illusionen erkannt. Das bedeutet, dass du deine vorangegangenen Erwartungen an der Realität vorbei formuliert hast und zwar in Form von zu viel, zu weit, zu hoch usw.

Da Erwartungen in den meisten Fällen über kurz oder lang negative Gefühle nach sich ziehen, ist es wirklich ratsam, alle Erwartungen fallen zu lassen. Dazu bedarf es einer gründlichen Reflexion. Am besten du machst eine Liste und teilst sie ein in deine verschiedenen Lebensbereiche, also Partnerschaft und Beziehung, eigene Familie und Kinder, die Eltern und Geschwister (Ursprungsfamilie), Beruf und Karriere, soziales Umfeld und Freunde, Sport, Interessen und Hobbies o.ä. Unterteile diese Liste dann wiederum in zwei Spalten: Erwartungen, die du an dich selbst richtest und Erwartungen, die du an dein Umfeld richtest.

Nimm dir dann Zeit und befrage dich selbst intensiv, welche Erwartungen du in welchen Bereichen hast und trage sie in die vorgesehenen Spalten ein. Du wirst dabei feststellen, dass es wahrscheinlich kein Ende nimmt, dass sich in deinem Kopf eine Erwartung nach der anderen auftut und dass ständig neue hinzukommen, wenn die alten Erwartungen (nicht) erfüllt wurden. So verbringst du dein ganzes Leben im Grunde mit Erwartungen an etwas was noch gar nicht da ist und möglicherweise auch niemals eintreten wird. Deine Erwartungen programmieren quasi dein Leben und du folgst ganz automatisch wie der Hund einer Spur. Deine Illusionen über dich und was du haben und sein sollst, dirigieren dich also durch dein Leben; du bist gefangen in einem Kreislauf, der dich mit jeder Enttäuschung immer mehr in die Unzufriedenheit zieht oder/und dich massiv unter Druck setzt.

Du wirst überdies herausfinden, dass du alle Erwartungen, die du an dich selbst hast, auch an dein Umfeld richtest, und das macht das Ganze noch grotesker! Die meisten Beziehungen scheitern, weil die Partner gegenseitig Erwartungen an sich richten, die nicht alle erfüllt werden können. Fortlaufende Enttäuschungen vergiften die Liebe und Frust macht sich breit. Der schnellste Weg, wieder Liebe und Verständnis in eine Beziehung zu bringen ist der, keine Erwartungen mehr an den Partner zu richten. Entweder du liebst ihn so wie er ist oder du lässt es sein und jeder geht seines Weges. Ich glaube ich brauche auf all die negativen Folgen, die sich in alle Lebensbereiche durch enttäuschte Erwartungen ausbreiten nicht im einzelnen einzugehen, sie sind offensichtlich!

Erwartungen zerstören überdies jegliche Spontaneität; die Dinge dürfen nicht mehr aus sich heraus geschehen, sondern alles soll nach deinem Plan ablaufen. Es scheint so, als würdest du die Fäden deiner eigenen Marionette spinnen. Schau dir deine Liste an, nimm den Schock intensiv in dich auf. Es sollte reichen, um dir fest vorzunehmen, alle deine Erwartungen loszulassen (wenigstens die unrealistischen). Du kannst dies gerne mit einem Ritual unterstützen. Wenn du alle Erwartungen an dich (und damit gleichfalls an deine Umwelt) losgelassen hast, wirst du zum ersten Mal der sein der du wirklich bist. Du wirst feststellen, dass es sich friedlich anfühlt, erleichtert und befreit! Alles darf einfach so sein, wie es ist, sogar du selbst!

„Wenn du weißt wer du wirklich bist, herrscht ein bleibendes lebendiges Gefühl des Friedens.
Man könnte es Freude nennen, denn Freude ist genau das: ein quicklebendiger Frieden.
Es ist die Freude des Seins,
die Freude zu sein wer du wirklich bist."

Eckhart Tolle

Realistische Zielsetzung

Der Aufwand für deine „Erwartungs-Liste" war nicht ohne weiteren Sinn, denn im Grunde erkennst du aus ihr deine Wünsche also Ziele. Es ist in Ordnung, dass du Ziele hast und etwas erreichen möchtest; das ist Ausdruck des menschlichen Prozesses. Es geht lediglich darum, dass du nichts vom Leben erwarten sollst im Sinne einer Forderung, so als ob du Rechte auf Dies oder Jenes hättest. Uns steht im Grunde überhaupt nichts zu. Wir können dankbar sein, dass wir dieses Leben führen dürfen. DU hast es in der Hand, ob du es glücklich und zufrieden verbringst oder ob du dich aufgrund deiner überhöhten Erwartungen im (unbewussten) Modus der Unzufriedenheit befindest. Erwartungen zu haben bedeutet in konstanter Anspannung zu leben, denn du wartest im Grunde permanent auf etwas. Du bist immer in „Hab-Acht-Stellung", was nicht nur Druck auf die Nerven ausübt, sondern auch deine Muskeln unter Spannung setzt, bis sie sich schmerzlich verhärten.

Nimm also diese Liste zur Hand bevor du sie vielleicht verbrennst oder anderweitig „rituell verarbeitest". Streiche dir aus allen Bereichen die Themen an, die dir am wichtigsten sind. Du erkennst die wirklich entscheidenden Dinge daran, dass du Freude für sie empfindest, wenn du an sie denkst und/oder dir vorstellst, du hättest sie bereits. Echte

Freude strömt aus der Mitte deiner Brust. Wenn die Resonanz nicht aus diesem Bereich kommt und sich weiter oben im Kopfbereich anfühlt, ist es keine Freude, sondern Ego-Verlangen. In diesem Fall empfiehlt es sich das Thema zu streichen, weil es Macht über dich mit dem Gedanken „will haben" ausübt.

Formuliere dann aus den „echten" Themen realistische Ziele für dich. Realistisch bedeutet maßvoll, also nicht zu hoch, nicht zu weit, nicht zu schnell, nicht zu viel. Die Ziele sollten ganz klar in allen Aspekten erreichbar sein und zwar bequem in Raum und Zeit. Achte darauf, dass du dir dein Leben nicht durch zu viele Ziele „vorprogrammierst". Lasse gut Luft für Überraschungen und Spontaneität.

Es ist uns als Mensch gegeben, dass wir unser Leben selbst gestalten dürfen. Darin liegt eine große Freiheit, aber auch Verantwortung. Der wirklich erfolgreiche Mensch ist zumeist auch zufrieden, weil er für sich ein gesundes Maß gefunden hat. Ein glücklicher Mensch wird niemals zu viel von sich, geschweige denn von seinem Umfeld verlangen und er wird keinesfalls in der Opferrolle „baden". Er hat erkannt, dass er für sich und seinen Erfolg selbst sorgen muss und dass weniger manchmal mehr ist!

Der Blick in den Spiegel

Ziele bedeuten Veränderung und Veränderung bedeutet Leben! Du bringst deine Anlagen mit in diese Welt, du wirst in deiner Kindheit geformt und du bildest im weiteren Verlauf deinen Charakter aus. Du hast Stärken und Schwächen und du allein entscheidest, ob du das für immer so lassen möchtest oder ob du den Mut hast, dich den Herausforderungen des Lebens zu stellen. All das hat nichts mit Wertigkeit zu tun, sondern mit einer klaren Bestandsaufnahme dessen was oder wer du bist.

Wenn du dich wohl mit dir fühlst, dann lebst du automatisch in Zufriedenheit mit allem was in deinem Leben ist oder geschieht. Fühlst du dich aber unwohl in dir, dann projizierst du dies auch auf deine Umwelt und du wirst es mit unzufriedenen oder schwierigen Menschen zu tun haben. Dein Unwohlsein mit dir selbst drängt dich in die Opferrolle, die dich blind macht für das was dein Umfeld dir spiegelt. Die Menschen und Situationen, die in dein Leben treten, haben eine Funktion; sie sollen dir deine Persönlichkeit zeigen, gleich so, als würdest du in einen Spiegel blicken.

Weil es dein Ziel ist, zufrieden mit dir selbst zu sein, hast du nun zur Aufgabe, dein Umfeld eingehend zu betrachten. Vielleicht geht das am besten wieder anhand einer Liste die du in die bekannten

Lebensbereiche einteilst. Überprüfe eingehend womit du im jeweiligen Bereich unzufrieden bist. Notiere es in eine erste Spalte. Mache dir dann Gedanken darüber, wie du diese Unzufriedenheit beseitigen kannst. Was kannst du tun, verändern oder loslassen und akzeptieren? Welche Aktion ist möglich, sinnvoll und realistisch? Schreibe dann in eine zweite Spalte deine Lösung.

Mache das Gleiche dann mit deinem sozialen Umfeld. Schaue dir zuerst die Menschen an, die du magst, schätzt oder gar verehrst. Notiere das Thema in eine erste Spalte und in eine zweite füge ein, was du tun kannst, um ähnlich positive Eigenschaften in dir hervorzurufen (z.B. Durchsetzungsvermögen, Fairness, Vertrauen). Betrachte dann ganz eingehend die Menschen, über die du dich ärgerst, die dich aggressiv machen und die du ablehnst oder nicht magst. Auch wenn du es auf den ersten Blick nicht wahrhaben möchtest, spiegeln diese Menschen dir in vielen Fällen dein Entwicklungspotential. Sie zeigen dir das, was du nicht hast, aber gerne hättest – also dein vermeintliches Manko – durch dein Neidgefühl. Und sie zeigen dir auch das was du selbst als „negative Neigung" in deinem „Schatten" (unbewusster Teil von dir) trägst. In dieses unbewusste Schattenreich verschiebst du alle die unangenehmen Dinge, die du selbst an dir nicht wahrhaben möchtest und daher nur in anderen erkennst. Schreibe also auf, was dich an der jeweiligen Person nervt und frage dich, wo du genauso bist (das muss nicht im gleichen Maße, im gleichen Lebensbereich oder auf der gleichen Bewusstseinsebene sein). Andernfalls frage dich was du tun kannst, um das, was du (neidisch) an der ungeliebten Person „bewunderst", selbst in dir anlegen kannst. Schau dir an, wie die Person agiert und übertrage es in deine eigene Persönlichkeit („Lernen am Modell").

Alle diese Veränderungsmöglichkeiten sollen nur für den Fall vorgeschlagen werden, dass du dich unwohl mit dir fühlst und in der Opferrolle hängst. Es geht darum, die anderen und deinen „miesen Selbstwert" nicht weiter für deine Unzufriedenheit schuldig zu sprechen, sondern dich selbst mit Bewusstheit aus deiner Negativität heraus in die Selbstverantwortung zu bringen. Damit legst du den Grundstein für ein psychisch gesundes, freies und auf das Positive ausgerichtete Leben. Wenn du dich wohl mit dir fühlst, ist eine Veränderung nicht notwendig. Ja, du brauchst das Buch überhaupt nicht zu lesen, weil du schon verstanden hast, dass es nur zwei Möglichkeiten gibt:

Man (Gott) gebe mir Mut,
zu ändern was ich ändern kann.

Man (Gott) gebe mir die Gelassenheit
hinzunehmen, was ich nicht ändern kann.

Man (Gott) gebe mir die Weisheit,
zwischen beidem zu unterscheiden.

Angst durch Selbstbeobachtung

Deine hohen Erwartungen an dich selbst, deine idealistischen Vorbilder und unrealistischen Ziele setzen dich nicht nur massiv unter Druck, machen dich unzufrieden und depressiv, sondern sind auch Ursache von Angst. Bestimmt hast du schon bemerkt, dass du dich manchmal unwohl fühlst, wenn du mit anderen zusammen bist. Dieses Unwohlsein (manchmal mit Rotwerden) ist Unsicherheit, die innere Frage, ob du im Vergleich mit den anderen bestehen kannst. Je mehr du dich mit den Erfolgen anderer vergleichst oder mit den Dingen, die sie haben oder sind, wird diese Unsicherheit verstärkt und Angst entsteht (*Unsicherheit = Angst).*

Ich habe einige Menschen getroffen, die von sich behaupteten, an einem niedrigen Selbstwert zu leiden. Diese Menschen hatten allesamt eines gemein: Sie beobachteten verstärkt und weit über ein gesundes Maß hinaus ihr Umfeld und innerhalb dieser Gruppe standen sie selbst im Mittelpunkt. Du kannst dir das so vorstellen:

Du siehst dich quasi von außen mit den Augen der anderen und beobachtetest deine eigene Wirkung auf die Gruppe. Du bist natürlich bemüht möglichst beste Figur zu machen um mitzuhalten oder gar zu übertrumpfen. Durch das massive „Dich-Selbst-In-Den-Mittelpunkt-Stellen" bist du dann im Scheinwerferlicht der anderen (zumindest von dir so wahrgenommen). Du fühlst dich beobachtet und glaubst die anderen würden ständig auf dich schauen und dich bewerten. Du projizierst also deine Sicht der Dinge von deiner eigenen Beobachtung in die der Außenwelt. So entsteht durch dein „Dich-Wichtig-Nehmen" eine komplett „verdrehte Welt", in der du deine eigene Wirkung aus dir selbst heraus den anderen „in die Schuhe schiebst".

Das Ganze potenziert sich dann mit der Frage, was die anderen von dir denken und du begibst dich in gedankliche Wertungen, die rein fiktiv sind und ebenfalls den anderen zugeschrieben werden. Dabei bist du fest im irrigen Glauben, dass es sich um die Gedanken der anderen handelt, wobei sie jedoch allesamt aus deinem eigenen Gedankengut stammen.

Du siehst, wie sehr du die Welt verzerrst, wenn du dich zu wichtig nimmst. Und du erkennst, dass sich hinter so manchem „Sich-Wichtig-Nehmen" ein „vermeintlich" niedriger Selbstwert versteckt. *Ist das nicht paradox?*

Teil 3:

Die Quintessenz:

Unwichtig SEIN

Sei ein Sandkorn in der Wüste

Jeder Mensch ist von Natur aus egozentrisch und achtet in erster Linie auf sich selbst. Anderen ist es von daher egal, ob dir etwas gelingt oder nicht. Der einzige, der das Problem „mieses Selbstwertgefühl" ins Leben ruft, bist du! Dein Ego glaubt du bist wichtig und redet dir deshalb ein, dass die anderen auf dich und deine Leistung schauen. Das ist aber ein Trugschluss, weil jeder nur seinen eigenen Interessen folgt. Oder dein Ego redet dir ein, dass du auf jeden Fall besser sein musst als der andere und zieht dich dadurch in die Stress-Spirale. Je wichtiger du dich selbst nimmst, desto mehr achtest du auf dein Umfeld und Erwartungen entstehen, was Enttäuschungen vorprogrammiert und die Basis für Ängste (des Versagens) bildet. In dem Moment, in dem du dir innerlich einen Wert gibst (weil du dich wichtig nimmst), beginnt auch die Bewertung anderer durch den Vergleich mit dir selbst, deiner Leistung, deinem Aussehen, deinem Besitz.

Wenn du dich aus diesem Kreislauf der ständigen Unzufriedenheit befreien willst, darfst du dich nicht mehr (so) wichtig nehmen. Das bedeutet nicht, dass du dich klein und mies machen sollst (was ja wieder eine Wertung wäre), sondern dass du beginnst, dich in der Gesamtheit des Universums zu betrachten. Aus der All-Sicht heraus kannst du erkennen, wie klein du wirklich bist.

Aber der Mensch hat sich im Laufe der Evolution zur Krönung der Schöpfung erklärt. Eine Arroganz, die nicht mehr zu überbieten ist und die zeigt wie krankhaft egoman und illusionär die menschliche Sicht auf das Ganze ist. Nicht du bist es, der alles in der Hand hat - denn in Wahrheit sind wir alle in letzter Konsequenz machtlos.

Als Mensch glaubst du, die Erde, unser aller Lebensraum, sei dir Untertan und du könntest mit ihr machen was du willst. Doch in Wahrheit ist es umgekehrt: je mehr du die Erde ausbeutest, desto mehr wird sie mit Naturkatastrophen reagieren, weil sie sich immer wieder in den Ausgleich bringen und so deinen Lebensraum sichern muss. Erst wenn du verstanden hast, dass der Mensch in Wahrheit das schwächste Glied in der Kette ist (denn alle anderen Lebewesen greifen ihren eigenen Lebensraum nicht an, sondern sind ihm nützlich), kannst du vielleicht von deiner überzogenen Wichtigkeit ablassen. Für das gesamte Geschehen der Welt trägst du zwar deinen Teil bei wie jedes andere Wesen auch, aber er ist eher verschwindend klein. Ein Baum der für Sauerstoff sorgt dient im Zweifel unserem Lebensraum mehr als du oder ich. Wir alle sind ersetzbar, wie unsere Körperzellen, die täglich sterben und gegen neue ausgetauscht werden.

Diese universelle Sicht verhilft dir, dich im Alltag weniger wichtig zu nehmen und die kleinen Vergleichskämpfe mit anderen sein zu lassen. Und dabei ist es nicht entscheidend, ob du dich wichtig nimmst in deiner „Kleinheit" oder „Großheit"! Denn, wie ich am Anfang des Buches beschrieb: dein (un)bewusstes Gefühl von Wichtigkeit (in Form der absoluten Überzeugung deines Egos) bezieht sich nicht nur auf das Positive, sondern gleichfalls auf das Negative. Wenn du dich also im Negativen wichtig nimmst, bist du im Grunde davon überzeugt, dass das Universum dir etwas schuldet. Es hätte dir einen anderen Platz zuweisen sollen, eine andere Familie, einen anderen Beruf, einen anderen Partner usw. Merkst du, wie hoch dein Anspruch ist? Meinst du nicht, dass du, sofern du nicht in einem Land höchster Armut und Unterdrückung geboren wurdest, ganz schön viel Glück hattest? Also mach dich nicht so wichtig, hör' auf zu Klagen und zu Jammern. Das Universum hat dir diesen Platz zugewiesen und es hängt allein nur an dir, das Beste daraus zu machen. Und merke:

„Zufriedenheit erwächst nicht aus Dingen, sondern nur aus der Tiefe unserer Seele."

Mark W. Bonner

Danksagung

Ich danke meinen Klienten für ihr Vertrauen und die Offenheit, mit der sie mir in den letzten 12 Jahren begegnet sind. Ich respektiere zutiefst ihren Mut und ihre Bereitschaft zur Veränderung - es ist nicht immer leicht in den eigenen Spiegel zu schauen! Der Schritt in die Selbstverantwortung kostet Kraft und kann manchmal anstrengend sein. Der Lohn jedoch ist Zufriedenheit und die Zuversicht, dass du, egal was geschieht, dir selbst vertrauen kannst - IMMER!

Ich danke dir, dem Leser, dass du dir die Zeit genommen hast, mein kleines Buch zu lesen. Möge es seinen Sinn erfüllen und dir nützlich sein.

Und ich danke dem Leben, dass es so ist wie es ist!

DANKE

Liste der Erwartungen

Bereiche	Erwartungen an mich selbst	Erwartungen an mein Umfeld (wen?)
Partnerschaft Beziehung		
Familie Kinder		
Ursprungsfamilie Eltern		
Beruf Karriere		
Persönliche Entwicklung		
Interessen Hobbies		
Soziales Umfeld Freunde		
....		
....		

Liste der Ziele

Bereiche	Wichtige Themen aus der Erwartungs-Liste	Realistische Zielsetzung meiner Erwartungen
Partnerschaft Beziehung		
Familie Kinder		
Ursprungsfamilie Eltern		
Beruf Karriere		
Persönliche Entwicklung		
Interessen Hobbies		
Soziales Umfeld Freunde		
....		
....		

Spiegel-Liste

Personen	Spiegel-Thema	Was kann ich tun (annehmen, verändern)?
„Positive" *Personen*		
„Negative" *Personen*		

Liste der Unzufriedenheit

Bereiche	Womit bin ich unzufrieden?	Was kann ich verändern, akzeptieren, loslassen? = Lösung
Partnerschaft Beziehung		
Familie Kinder		
Ursprungsfamilie Eltern		
Beruf Karriere		
Persönliche Entwicklung		
Interessen Hobbies		
Soziales Umfeld Freunde		
......		
......		

Brief an mein altes Ich

Liebe Vergangenheit, liebes Ego!

Ich möchte gerne in Frieden mit dir abschließen.
Ganz besonders möchte ich mit diesem Brief alles
loslassen, was mich bisher unzufrieden machte:

....
....
....

Meine erfolglose und unzufriedene Zeit ist nun vorbei.
Nichts kann mich mehr ärgern oder klein machen.
Ich fange jetzt ganz neu an ...

Ich schließe mit allen Menschen in Frieden ab, mit denen
mich in der Vergangenheit Konflikte verbanden.
Ich bedanke mich bei allen Menschen,
die mir auf meine Weg bisher geholfen haben ...

Ich bitte die Menschen um Vergebung,
die ich verletzt und denen ich geschadet habe ...

....

Nichts und niemand kann mich von meinem neuen
guten Weg abbringen - nicht einmal ich selbst!

....

Informationen zu
psycho-spiritueller Begleitung unter:

www.martina-kern.com

Bereits erschienenes Buch von Ina Kern

*Erstaunlich offen und mit einfachen Worten beschreibt
Ina Kern ihren Weg in die Freiheit.
Dabei spricht sie von persönlichen Krisen, Irrtümern und
mystischen Phänomenen, die kein Geheimnis offen lassen.
Wichtige Einsichten erklärt sie anhand einfacher
Zeichnungen. Ein Leitfaden zur Selbsterkenntnis.*

Zu bestellen bei Amazon oder tao.de

Paperback ISBN 978-3-96051-002-4

Zeitfracht Medien GmbH
Ferdinand-Jühlke-Straße 7
99095 Erfurt, Deutschland
produktsicherheit@kolibri360.de